AF229792

LE COMTE

DE

MONTALEMBERT

CONFÉRENCE FAITE A LA SORBONNE

LE 23 MARS 1870

PAR

ADOLPHE PERRAUD

PRÊTRE DE L'ORATOIRE

PROFESSEUR D'HISTOIRE ECCLÉSIASTIQUE A LA FACULTÉ DE THÉOLOGIE

PARIS

CHARLES DOUNIOL, LIBRAIRE-ÉDITEUR

RUE DE TOURNON, 29

1870

LE COMTE

DE

MONTALEMBERT

Messieurs,

Il y a quelques jours, l'histoire a commencé pour un homme qui a été pendant quarante ans le défenseur le plus intrépide de l'Église. M. de Montalembert nous a été enlevé.

C'est un grand citoyen que la France a perdu ; c'est un grand chrétien que l'Église pleure. Je consacrerai cet entretien à ce vaillant soldat, frappé avant le temps sur le champ de bataille où il avait tenu avec un si magnanime courage le drapeau de notre foi et de nos droits, de notre Église et de nos libertés.

Je ne puis avoir la prétention de faire dans un discours une étude complète sur une vie si pleine. Cette histoire s'écrira, je l'espère, au milieu des larmes des catholiques des deux

mondes. Mais en attendant cette justice défi-
nitive, il appartient à celui qui représente ici
l'enseignement de l'histoire Ecclésiastique de
saluer ce nom de Charles de Montalembert qui
résumera plus tard pour la postérité quarante
années des luttes les plus ardentes de la société chrétienne et de la société française au
dix-neuvième siècle.

I

Oui, quarante années, — de 1830 à 1870,
— c'est-à-dire le cœur même de ce siècle,
si agité, si tourmenté, politiquement et reli-
gieusement parlant; voilà la vaste arène où se
sont dépensées sans mesure les facultés les
plus brillantes et les plus mâles convictions
mises sans relâche au service de causes que
les partisans du succès auraient bien des fois
désertées, auxquelles le serviteur du devoir
et de l'honneur a su être fidèle jusqu'au bout.

Grand exemple, certes! dans un temps
qui aura vu tant d'hommes plus soucieux de
poursuivre les faveurs de la fortune que de

persévérer dans de gênantes convictions, et où le courage à se ranger du côté du droit trahi ou vaincu a si souvent provoqué les railleries des adorateurs de la force.

Que de travaux, que d'efforts, que de combats pendant ces quarante années ! A quelle grande pensée, à quelle généreuse entreprise a-t-on vu M. de Montalembert demeurer étranger ? ou plutôt, lui, que Dieu avait armé et sacré comme le soldat œcuménique de toutes ses causes, à laquelle a-t-il une seule fois, par défaillance ou par lassitude, refusé le service de sa plume ou de sa parole ? à quel moment s'est ralentie cette passion de vérité et de justice dont les élans ne lui ont jamais permis de compter avec le péril ?

Ouvrez seulement et parcourez d'un coup d'œil rapide la table des matières de ces volumes dans lesquels ont été réunis ses discours, ses œuvres de polémique, ses écrits de circonstance, vous y trouverez résumés les états de services de l'infatigable soldat :

Liberté de l'enseignement ;

Liberté de la presse ;

Liberté des ordres religieux ;

Émancipation des esclaves ;

Irlande, Suisse, Pologne ;

Indépendance de Rome et du Saint-Siége ;

mais par—dessus tout et à travers tout, liberté de l'Église ;

Non cette liberté de privilége que les esprits attardés dans l'archéologie du moyen âge peuvent seuls réclamer pour elle; mais cette libèrté commune, garantie par le respect des autres libertés et par la loyauté de ses propres enfants; cette liberté nécessaire, mais suffisante, avec laquelle l'Église se charge de faire l'œuvre de Dieu en ce monde, sans revendiquer d'autres priviléges que l'honneur de se dépenser sans mesure pour éclairer, instruire,. guérir, sauver les âmes.

Oui, voilà ce que par-dessus tout a servi de sa parole et défendu de sa personne cet homme en qui l'ardente foi du treizième siècle s'alliait si bien avec les plus généreuses aspirations de son époque; admirateur intelligent, non servile de la société contemporaine; vrai trait d'union placé par la Providence aux confins de ces deux mondes qui, la plupart du temps, ne se repoussent que parce qu'ils se méconnaissent, le monde de la civilisation moderne et celui de l'antique foi.

Il me semble le trouver tout entier dans ces lignes qu'il écrivait à vingt ans, au lendemain de la Révolution de 1830 ; il les adressait à cette noblesse du régime déchu qu'il aurait

voulu préserver du malheur de sacrifier à ses
défiances et à ses ressentiments le bien général
de la patrie :

« Oubliez le parti qui triomphe et ne songez
« qu'à la France qu'on menace; songez à la
« religion dont vous êtes les enfants et dont
« vous devez protéger partout la cause dé-
« chue; montrez que sous la blouse de garde
« national peuvent battre des cœurs de chré-
« tiens et de gentilshommes, et que les trois
« couleurs ne sont pas toujours les couleurs
« de l'impiété et du sacrilége. » (Œuvres,
t. I, p. 108.)

Quels horizons resplendissants de promesses
et d'espérances brillaient alors aux regards
de ces jeunes hommes sans rancune contre le
passé, uniquement soucieux de garantir à leur
pays les inestimables bienfaits d'une liberté
respectueuse pour la religion, et d'une religion sympathique pour la liberté! Quelles
convictions! quels élans! au sein de cette petite
phalange qui, groupée autour d'un athlète
déjà célèbre, faisait du journal *l'Avenir* le
drapeau de ses ardentes et parfois aventu-
reuses convictions!

Là, s'essaya pour ainsi dire à ses prochaines
luttes, entre M. de Lamennais et l'abbé Lacordaire, tous deux plus âgés que lui, le jeune

laïque, bientôt pair de France par hérédité, qui était revenu de la patrie d'O'Connell, l'âme saisie d'admiration pour l'œuvre du Libérateur et saignant de pitié pour les souffrances de la malheureuse Irlande, en faveur de laquelle il provoquait une souscription publique. — Là, avant les immortels triomphes de la tribune, celui qui devait être parmi nous l'avocat le plus infatigable de la cause polonaise, jetait à ses frères de France sous ce titre simple et touchant : *Une prière*[1], ce cri si pathétique et si nouveau, il faut le dire, pour une génération que n'avaient pas assez indignée les basses flatteries prodiguées par Voltaire à Frédéric et à Catherine :

« Chère et sainte Pologne, reçois ce loin-
« tain hommage de ceux qui, comme toi, ont
« prêté serment à Dieu et à la liberté, et qui
« portent ces noms inscrits sur le front et dans
« le cœur. Tu es notre seconde patrie, à nous
« qui ne vivons que pour ces choses au nom
« desquelles tu as vaincu. Nous te jetons, à
« travers l'Europe, le cri de notre amour. Tes
« injures sont les nôtres, comme ta foi. Ta
« gloire est à toi toute seule ; mais il nous
« semble qu'elle devient aussi la nôtre, tant

____

1. *Avenir* du 16 avril 1831.

« nous l'aimons. A toi nos vœux les plus ar-
« dents, à toi nos longues et ferventes prières,
« à toi tout ce que nous avons de dévouement
« et d'amour, de sainte et pure affection, d'ad-
« miration et d'envie! »

Vous savez, Messieurs, si le preux chevalier
a tenu son serment. Je ne puis citer ici ces fameux discours de la Chambre des Pairs, où
les droits sacrés de la nationalité polonaise
furent toujours affirmés avec tant de con-
stance, de force et d'éclat! Mais rappelez-
vous ces pages de 1861 qui, sous le titre de
Une nation en deuil, firent couler tant de
larmes à l'époque où l'Europe attentive, mais
immobile, émue mais muette, considérait avec
stupéfaction ce duel sans précédents dans l'histoire, ce fameux duel de Varsovie, où, pendant
deux mois, une population désarmée lutta,
par ses chants et ses prières, contre les bruta-
lités de la force!

Et, il y a deux ans, quand les exilés Polonais
perdaient parmi nous un de leurs plus nobles
représentants, ce vaillant général Zamoyski,
dont le nom tout seul redisait à la Pologne
persécutée des siècles de courage et de gloire,
c'était encore la voix de M. de Montalembert
qui s'élevait la première parmi nous pour
faire connaître plus complétement à la France

un caractère qui offrait tant d'analogie avec le sien ; car (il me sera bien permis de le dire, à moi qui les ai vus de près et qui ai été honoré · de leur amitié) c'étaient vraiment deux chevaliers du vieux temps dans la simplicité de leur foi, dans l'élan de leur bravoure, dans la générosité de leur désintéressement, avec une délicatesse tout antique dans le sentiment de l'honneur, et une sorte de prédilection instinctive pour le redressement des torts.

II

Ce n'est pas seulement devant la cause Polonaise, toujours si persévéramment défendue, qu'il faut appliquer à M. de Montalembert ce fier hémistiche d'Horace qu'il donnait naguères pour épigraphe à la réimpression de ses œuvres politiques :

Qualis ab incepto.

C'est en présence de toutes les grandes choses ou de toutes les grandes idées qui, à vingt ans, avaient fait battre son cœur d'enthousiasme et qui avaient déterminé chez lui sa vocation militante.

Aux débuts de cette carrière publique qui promettait d'être si brillante, un homme célèbre, déjà vieilli dans la pratique des affaires, lui avait donné ce conseil : « Mon ami, ayez de la reli-
« gion pour vous et chez vous : fort bien; mais
« dans le temps où nous sommes, ne vous avi-
« sez pas d'en prendre la défense dans vos
« écrits ou dans vos discours , vous gâteriez
« tout et vous compromettriez votre car-
« rière. »

La prudence du siècle avait parlé par la bouche de l'homme d'État; la sainte folie de notre foi répondit par la plume du jeune comte de Montalembert, écrivant ce qui suit dans l'*Avenir*[1], au lendemain du sac de l'archevê-ché de Paris et de la destruction des croix dans la capitale.

Dites si jamais plus fiers et plus nobles accents passèrent sur les lèvres des martyrs confessant la foi de Jésus-Christ devant les menaces des proconsuls et les cris de la populace romaine :

« S'il nous eût été donné de vivre au temps
« où Jésus vint sur la terre, et de ne le voir

---

1. Tome IV, p. 178.

« qu'un moment, nous eussions choisi celui
« où il marchait, couronné d'épines et tom-
« bant de fatigue vers le Calvaire ; de même,
« nous remercions Dieu de ce qu'il a placé le
« court instant de notre vie mortelle à une
« époque où sa sainte religion est tombée dans
« le malheur et l'abaissement, afin que nous
« puissions lui sacrifier plus complétement
« notre existence, l'aimer plus tendrement,
« l'adorer de plus près. Nous ramassons avec
« amour les débris de la croix pour leur jurer
« un culte éternel. On l'a brisée sur nos tem-
« ples, mais nous la mettrons dans le sanc-
« tuaire de nos cœurs ; et là, nous ne l'ou-
« blierons jamais. »

Ici, d'ailleurs, se vérifiait l'oracle sacré de nos Écritures. « Je perdrai, avait dit l'Esprit-« Saint, la prudence des prudents, et je ré-« prouverai la sagesse des sages : *Perdam* « *sapientiam sapientium, et prudentiam* « *prudentium reprobabo*. (Isaïe, XXIX, 14 ; I. Cor., I, 19.)

Cette cause que le vieux politique estimait perdue, c'est toujours celle qui passionne le plus vivement l'humanité, c'est celle qui se trouve au fond des préoccupations les plus douloureuses de l'heure présente ; et l'audace du jeune comte a été plus sage dans son apparente témérité

que les conseils timides d'une sagesse tout
humaine. Quelle lacune, dites-moi, dans la
vie de M. de Montalembert, s'il n'avait pas
été publiquement le défenseur du christianisme et de l'Église ? Homme d'État, il eût
pu, comme tant d'autres, laisser son nom
dans l'histoire; mais il ne se fût pas fait dans
les cœurs cette place sacrée dont aucune in-
gratitude, aucune injustice ne pourront le
chasser. « Au sein du dix-neuvième siècle, »
écrivait-il encore le 6 mars 1831, « Dieu
« nous a donné une pensée pour laquelle nous
« pouvons non pas mourir, ce qui n'est rien,
« mais vivre, mais sacrifier notre existence
« avec la ferveur, tout le tendre abandon du
« moyen âge. Oui, dans ce siècle de glace,
« nous avons trouvé une mine inépuisable de
« dévouement et d'amour. Mais nous vou-
« drions appeler au partage de nos richesses
« tous ceux qui peuvent en sentir le prix. »
Voilà l'acte de consécration de soi-même,
et voilà l'espérance invincible qui le dicte ; et
voici maintenant la certitude bienheureuse
de la foi qui ajoute à cet acte de consécration une sorte de prophétie.

« Quand notre poussière sera mêlée à celle
« de nos pères, le monde adorera ce que
« nous adorons déjà; le monde se prosternera

« devant ce que nous portons déjà avec amour
« dans nos âmes, devant cette beauté qui a
« tout le prestige de l'antiquité et tout le
« charme de la jeunesse. »

Eh bien ! Messieurs, ceux qui ont vu le
grand spectacle de mercredi dernier [1], cette
église trop petite pour contenir la foule immense accourue autour de ce cercueil, ce cortége funèbre traversant tout Paris pour aller
« mêler à la poussière de ses aïeux » la noble
poussière du comte de Montalembert, ceux-là
peuvent rendre témoignage que l'espérance
du jeune écrivain de *l'Avenir* n'a pas été confondue. Oui, aujourd'hui, après quarante ans
de lutte acharnée, malgré tous les efforts réunis du scepticisme et de la révolution, des
mauvaises passions et de la fausse science, le
monde adore ce que ces jeunes gens adoraient ; et, quand, au milieu du silence et des
larmes de cette immense assemblée, Jésus-Christ est descendu sur l'autel, le monde s'est
prosterné devant celui que les Montalembert,
les Lacordaire et leurs premiers compagnons
avaient porté dans leurs âmes avec un amour
si tendre et si fort.

---

1. Les funérailles de M. de Montalembert, mort le dimanche
13 mars, ont eu lieu à Sainte-Clotilde le mercredi 16. Le corps
a été porté au cimetière de Picpus dans un caveau de famille.

Je m'arrête trop peut-être à ces commencements d'une carrière qui devait être remplie de tant d'œuvres considérables et je ferais mieux, ce semble, de mettre en relief ce qui a fait si justement plus tard la gloire du grand écrivain, de l'orateur incomparable.

Mais n'est-il pas particulièrement instructif et consolant de retrouver dans les premiers élans de cœur du jeune homme, dans ses mouvements d'âme si complétement désintéressés, le principe de toutes les choses qui ont rempli et illustré cette vie?

Cette foi, cette générosité, cette impétuosité dans le don de soi-même, c'est M. de Montalembert tout entier, et ceux qui ne l'ont connu que dans les dernières années de sa vie le retrouveront là avec une remarquable ressemblance, comme, dans certains portraits, on retrouve, à un demi-siècle de distance, l'identité du jeune homme de vingt ans avec le vieillard aux cheveux blanchis.

III

Après l'échec de l'*Avenir*, après le dur sacrifice que Charles de Montalembert dut accomplir pour ne pas trahir ou compromettre sa foi, quand il eut accordé à l'orthodoxie et à l'autorité ce qu'elles éiaient en droit d'exiger de lui, on ne le vit point, par une de ces réactions si fréquentes dans l'histoire des hommes, se retourner violemment contre son passé, et donner au monde le spectacle de ces palinodies qui sont une des plus douloureuses démonstrations de l'infirmité humaine.

Après avoir noblement dégagé ce qui était excessif de cette thèse de la séparation de l'Église et de l'État, si brillamment, mais parfois si imprudemment soutenue par l'*Avenir*, il demeura inébranlable dans l'idée qui devait faire l'unité de toute sa vie.

M. de Montalembert a été parmi nous le plus vaillant et le plus illustre champion de la liberté religieuse.

Il l'a défendue longtemps contre les mesquines jalousies de ces partis politiques qui, au milieu de leurs dissidences et de leurs rivalités, ne se trouvaient d'accord que pour s'armer contre l'Église de toutes les rancunes du passé et parfois de toutes les susceptibilités du sentiment national.

Nul plus éloquemment que lui n'a flagellé les faux libéraux, qu'ils fussent Suisses, Anglais, Italiens ou Français, qu'ils s'appelassent M. de Cavour ou Lord Palmerston. Nul n'a plus vigoureusement démasqué l'hypocrisie de ceux qui, défenseurs résolus de la liberté sur le terrain de la politique, ne se faisaient aucun scrupule de nier, de comprimer ou de mutiler la liberté religieuse. Qui ne se rappelle ce cri éloquent par lequel se terminait sa première lettre au comte de Cavour :

« Non, non, vous n'êtes pas la liberté, vous
« n'êtes que la violence ! Ne nous condam-
« nez pas à ajouter que vous êtes le mensonge.
« Nous sommes vos victimes, soit, mais nous
« ne serons pas vos dupes. Vous pouvez an-
« nexer au Piémont des royaumes et des em-
« pires, mais je vous défie bien de rallier à vos
« actes une seule conscience honnête. L'ac-
« cord bienheureux et nécessaire de la reli-
« gion et de la liberté aura son heure ; mais, si
« elle est pour longtemps retardée, ce sera

« votre faute et votre éternel déshonneur. »
(Oct. 1860.)

Et qui donc, Messieurs, pendant la crise redoutable au commencement de laquelle il jetait ces paroles indignées à un des plus habiles et des plus dangereux adversaires de l'indépendance de la Papauté, qui donc a défendu cette indépendance avec le plus de courage? Qui en a démontré la nécessité avec une logique plus irréfutable? Qui a protesté avec une âme plus filiale contre tous les complots dont l'autorité du Souverain Pontife était l'objet?

Qui? sinon, à côté de lui, avec une âme aussi intrépide, avec un aussi grand cœur, cet illustre évêque d'Orléans, dont un évêque étranger disait naguères si justement à Rome que « sans lui, il y a longtemps que les ar-
« mées de la Révolution auraient détruit la
« souveraineté temporelle du Saint-Siége; et
« que sans lui, très-probablement, la réunion
« du Concile eût été impossible. »

Oh! qu'il était beau, qu'il était consolant pour nous, enfants de l'Église, de voir ces deux infatigables champions aux prises avec les ennemis de notre mère! Avec quelle sagacité ils savaient deviner et prévenir leurs complots! Avec quelle indomptable fermeté ils protes-

taient contre leurs violences! Et qu'ils étaient
dignes de leur illustre émule et ami, le vaillant Lamoricière, dans le courage avec lequel
ils savaient endurer les outrages de la politique anticatholique et de la presse irré-
ligieuse !

Depuis, les circonstances ont bien changé,
et par un revirement auquel personne n'aurait pu s'attendre, ce n'est plus de ce côté que
leur a été présenté le calice amer des injures
et des injustices.

Il a fallu qu'ils eussent, l'un et l'autre, la
douleur indicible de voir leurs plus pures intentions méconnues ou calomniées.

Le jour où, pour défendre l'Église, ils ont
usé de cette liberté que dans les questions libres
l'Église a toujours sagement laissée à ses enfants, tous leurs services ont été oubliés; et il
a fallu à tout prix transformer en ennemis de
la Papauté ce grand évêque et ce grand chrétien, serviteurs toujours si dévoués, mais si
intelligents de la Papauté !

Voilà, Messieurs, par quels étonnants capri-
ces de la popularité devaient passer ces nobles
âmes ! Et si j'ai uni étroitement les noms de
Montalembert et de Dupanloup, c'est que, vous
le savez, ces hommes n'étaient pas seulement
rapprochés par la fraternité d'armes et de com-

bats, mais par cette amitié intime qui leur rendait tout commun, travaux, périls, espérances!

C'est bien, je le répète, la liberté de l'Église que M. de Montalembert défendait en 1830 et 1831, tantôt dans les colonnes de l'*Avenir*, et tantôt sur les bancs de la Chambre des Pairs, où il comparaissait comme accusé à côté de l'abbé Lacordaire son ami.

C'est au nom de cette même liberté de l'Église que dans ce fameux discours de 1844, répondant à la parole célèbre « *Nous sommes un gouvernement qui ne se confesse pas* » il jetait au scepticisme de son temps cette profession de foi hardie : « Au milieu d'un peu-
« ple libre nous ne voulons pas être des ilo-
« tes ; nous sommes les successeurs des mar-
« tyrs et nous ne tremblons pas devant les
« successeurs de Julien l'Apostat ; nous som -
« mes les fils des Croisés et nous ne recule-
« rons pas devant les fils de Voltaire[1] ! »

C'est encore pour la liberté de l'Église qu'en octobre 1849 il bravait toutes les violences de la Montagne au sein de l'Assemblée législative, et de la presse démagogique dans le pays, lorsque, prononçant ce discours dont Sa Sainteté le Pape Pie IX disait quelque temps

---

1. Tome I, p. 401.

après dans un bref spécial « *qu'il vivrait à* « *jamais dans la mémoire de tous les gens de* « *bien,* » il saluait la maternité de l'Église, avec un accent auquel ses adversaires eux-mêmes ne pouvaient refuser le double témoignage de leur émotion et de leur admiration.

« Permettez-moi, disait le grand orateur, « une comparaison familière. Quand un « homme est condamné à lutter contre une « femme, si cette femme n'est pas la dernière « des créatures, elle peut le braver impu- « nément. Elle lui dit : Frappez, mais vous « vous déshonorerez, et vous ne me vaincrez « pas ! Eh bien ! l'Église n'est pas une femme « — elle est bien plus qu'une femme — « c'est une mère. C'est une mère, c'est la « mère de l'Europe, c'est la mère de la so- « ciété moderne, c'est la mère de l'humanité « moderne. On a beau être un fils dénaturé, « un fils révolté, un fils ingrat, on reste tou- « jours fils et il vient un moment, dans toute « lutte contre l'Église, où cette lutte parricide « devient insupportable au genre humain, et « où celui qui l'a engagée tombe accablé, « anéanti, soit par la défaite, soit par la ré- « probation unanime de l'humanité. » (*Discours III*, p. 289.)

Enfin, je n'hésite pas à l'affirmer, il obéissait toujours à cette noble passion de l'amour de l'Église lorsque sa main défaillante traçait naguères ces lignes où plusieurs ont cru entendre un cri de révolte, oubliant qu'à certaines époques critiques, des saints ont tenu un langage aussi ferme, aussi courageux, souvent plus hardi. En quel temps sommes-nous donc, en vérité, pour qu'on puisse se méprendre à ce point sur les intentions d'un des fils les plus dévoués de la sainte Église?

Ah! on eût bien étonné un saint Bernard, on eût bien affligé une sainte Catherine de Sienne, si on leur eût reproché d'être des factieux, parce que le vif sentiment des périls de l'Église leur arrachait, comme malgré eux, des cris de douleur et de sévères représentations. En se taisant, ils auraient cru trahir. Et l'Église qui a profité de leurs pieuses audaces n'a jamais cessé de leur en être reconnaissante[1].

1. Qu'on lise, par exemple, dans les OEuvres de sainte Catherine de Sienne, ses lettres aux papes Grégoire XI et Urbain VI. On y trouvera le mélange admirable de la plus respectueuse obéissance pour leur autorité et de la plus courageuse liberté à les avertir. Je citerai particulièrement, d'après la traduction française de M. Cartier, la Ire Lettre à Grégoire XI (tome I, pag. 3, 4, 6, 7 et 8), la IIe Lettre au même Pape (tome I, p. 11 et 12). C'est là, qu'étonnée elle-même de la hardiesse de ses représentations, elle s'écrie : « Pardonnez à ma présomption, et que la douleur et l'amour que j'ai pour l'honneur de Dieu et l'exaltation de la sainte Église m'excusent auprès de votre

Du reste, j'en ai la confiance, les récriminations amères passeront; et ce qui restera, c'est cet éloge que le Souverain Pontife décernait à M. de Montalembert, il y a vingt et un ans lorsqu'il lui écrivait ces lignes, récompense méritée de ses vaillants efforts :

bonté » (tome I, p. 18). Un peu plus loin (I, p. 60), s'adressant encore à Grégoire XI, voici ce qu'elle ose lui dire : « Prenez « garde d'agir avec négligence. Si vous voulez la justice, vous « pouvez l'accomplir. Dieu vous jugera si vous ne le faites pas. « Si j'étais à votre place, je craindrais les effets des jugements « divins sur moi. »

Je veux citer aussi cet admirable passage d'une lettre à Urbain VI : « O Très-Saint-Père, soyez patient quand on vous dit « ces choses, parce qu'elles ne sont dites que pour l'honneur « de Dieu et votre salut, comme doit le faire le fils qui aime « tendrement son père : il ne peut souffrir qu'on fasse une « chose qui serait un tort ou une honte pour son père et il « veille toujours avec zèle, parce qu'il sait qu'un père qui « gouverne une grande famille ne peut voir plus qu'un « homme, et qu'alors, si ses enfants légitimes ne veillaient « point à son honneur et à ses intérêts, il serait bien sou « vent trompé. Il en est ainsi pour vous, Très-Saint-Père ; vous « êtes le père et le seigneur de toute la chrétienté. Nous som « mes sous les ailes de Votre Sainteté ; votre autorité s'étend à « tout ; mais votre vue est bornée comme celle de l'homme, et « c'est une nécessité que vos enfants voient et fassent, dans la « sincérité de leur cœur, et sans aucune crainte servile, tout « ce qui est utile à l'honneur de Dieu, au vôtre, et au salut des « brebis qui sont sous votre houlette. Je sais que Votre Sain « teté désire ardemment avoir des auxiliaires qui puissent lui « servir ; mais il faut pour cela les écouter avec patience. » (T. I, p. 73 et 74.) Toutes les lettres suivantes respirent la même humilité jointe au même courage. Elle reprend, elle exhorte, elle supplie, parfois même elle menace ; mais partout et toujours on sent une âme consumée d'amour pour Dieu, pour le bien de l'Église et pour le salut des autres âmes.

Quant à saint Bernard, il faudrait citer un grand nombre de ses Lettres et son traité *de la Considération* en entier. Je me

« Certes, il n'y a rien de plus admirable que
« la grandeur d'âme et le noble courage dont
« vous avez fait preuve : et rien n'est plus
« précieux au sein de l'extrême pénurie d'hom-
« mes généreux où se trouve la société con-
« temporaine[1]. »

IV

Mais ce n'est pas seulement par sa parole au
sein de nos Assemblées que M. de Montalem-

borne, comme exemple, à quelques lignes extraites de ce traité,
adressé au pape Eugène III : « Si sapis, eris contentus men-
« sura, quam tibi mensus est Deus. Nam quod amplius est, a
« malo est. Disce exemplo prophetico præsidere non tam ad im-
« peritandum quam ad factitandum quod tempus requirit. Disce
« sarculo tibi opus esse, non sceptro, ut opus facias prophetæ....
« Esto ut alia quacumque ratione hæc tibi vindices : sed non
« apostolico jure. Nec enim tibi ille dare quod non habuit po-
« tuit. Quod habuit, hoc dedit, sollicitudinem, ut dixi, super
« Ecclesias. Numquid dominationem ?... Apostolis interdicitur
« dominatio. Domabis lupos, sed ovibus non dominaberis. Pas-
« cendas utique, non premendas suscepisti. » (*De Consider.*,
lib. II, cap. vi.)

Il serait aisé de citer cent autres passages de saint Bernard,
aussi ou plus énergiques que ceux-là. Nous serions bien à
plaindre si nous ne savions plus comprendre tout ce qu'il y a
de grandeur d'âme dans un tel langage, et si nous prenions
scandale de ce qui a édifié des générations plus chrétiennes
que la nôtre.

1. Bref du Pape à M. de Montalembert, *Disc.* III, p. 294 et 295.

bert a servi l'Église, c'est aussi par sa plume.
Quelles richesses ajoutées aux trésors de l'ha-
giographie chrétienne que cette Vie de sainte
Élisabeth de Hongrie et cette Histoire des
moines d'Occident, l'une écrite au commencement même de la carrière littéraire de M. de
Montalembert, l'autre péniblement, je dirais
presque héroïquement composée à travers les
tortures de sa dernière maladie, œuvre gigan-
tesque et cependant inachevée, qui devait
rendre à la vie toutes les splendeurs morales
de l'Institut monastique, depuis le temps de
saint Benoît jusqu'à celui de saint Bernard,
et que l'auteur n'a pu conduire au delà du
huitième siècle.

Dans la Vie de sainte Élisabeth l'auteur
présentait à l'admiration d'un temps à peine
réconcilié avec le moyen âge par l'enthousiasme de l'école romantique et par les beaux
travaux historiques d'Augustin Thierry, la
double beauté du mariage et du veuvage chré-
tiens, couronnés tous deux de l'auréole de la
charité.

Ce livre avait toute la solidité de l'érudition
la plus sévère, jointe au charme de la plus
ravissante poésie. C'était vrai comme l'histoire
et délicieux comme une légende. Quel service
rendu à la piété et à l'art que l'exhumation de

cette princesse si admirable comme épouse et comme mère, si tendrement charitable pour les pauvres, puis appelée à couronner ses vertus par l'épreuve, et recevant de Dieu ce je ne sais quoi de consommé qui fait la sainteté au prix de la souffrance et de la persécution.

Je vous parle de l'histoire de sainte Élisabeth qui est un épisode de l'histoire des saints au moyen âge. Mais que dire de cette introduction à la vie de la chère Sainte, qui est à elle toute seule un édifice splendide où l'auteur a su renfermer, par un art admirable, toutes les grandes choses nées du souffle de l'esprit chrétien pendant ces siècles que la critique étroite et superficielle de Voltaire avait représentés comme un âge de ténèbres et de barbarie? Le livre lui-même n'est que l'histoire et l'éloge d'une sainte. L'introduction a une portée plus haute : elle est le plaidoyer le plus solide et le plus éloquent en faveur d'une époque. Ce n'est pas seulement une âme qui y est étudiée et glorifiée, c'est toute une civilisation; et ceux qui n'avaient étudié le moyen âge que dans les pénibles et confuses nomenclatures de ces précis historiques où notre pauvre mémoire se mettait à la torture pour classer tant bien que mal tant d'événements incohérents, se rappellent encore l'enthousiasme dont ils fu-

rent saisis lorsque cette splendide introduction leur révéla le véritable moyen âge.

Oui, ce fut une vraie révélation, et comme
la découverte d'un monde nouveau. Les livres
techniques donnaient l'idée de ces temps,
comme une carte de géographie donne l'idée
d'un pays, en dessinant exactement ses con-
tours, et en assignant rigoureusement sa place
sous tels degrés de longitude et de latitude.

L'introduction faisait connaître le moyen
âge comme Christophe Colomb et ses compagnons connurent l'Amérique, lorsque, mettant
le pied pour la première fois sur cette terre
si fertile, ils admirèrent ses arbres gigantes-
ques, respirèrent le parfum délicieux de tant
de fleurs inconnues et trouvèrent mêlées au
sable des solitudes des pierreries d'une ri-
chesse incomparable.

J'appliquerai à cette Vie de sainte Élisabeth
et à cette admirable introduction ce que l'auteur y disait lui-même des œuvres inspirées
par l'Église : « S'il est vrai que l'Église ne
« meurt pas, rien aussi de ce qu'elle a une
« fois touché de sa main, inspiré de son souf-
« fle, ne saurait mourir pour toujours[1]. »

Oui, elles vivront ces pages si profondément

1. Introd., p. 157.

vivifiées par l'esprit de la foi la plus ardente !
Elles vivront comme ces toiles inspirées que
nos musées gardent avec un soin pieux, et qui
redisent aux siècles les visions esthétiques des
Pérugin et des Raphaël !

Comparée cependant à l'Histoire des moines
d'Occident, la Vie de sainte Élisabeth n'est
qu'un épisode, détaché de l'ensemble d'un
vaste poëme !

Je dis un poëme, et je ne retire pas ce mot
qui laisse subsister entièrement ce qu'il y a
de science, d'érudition, et de critique dans ces
cinq volumes. Mais il y a là en vérité toute
une Iliade et toute une Odyssée.

L'Iliade ! ah ! je la trouve bien plus grande
et bien plus poétique que celle du divin Homère. Troie assiégée pendant dix ans par les
Grecs, qu'est-ce, mis en regard de cette
longue bataille livrée à la barbarie durant des
siècles, pour la vaincre, la transformer, et la
faire vivre ? Troie prise, les Grecs la brûlent,
et ces catastrophes inspirent à Homère et à
Virgile des chants immortels. Nos instituts
monastiques ont fait plus et mieux. Ils ont pris
l'ignorance et la grossièreté des sociétés du
moyen âge, et à force de travail, d'héroïsme,
de persévérance, ils en ont fait la civilisation
moderne, défrichant les âmes et semant les

grandes idées, en même temps qu'ils labouraient les terres incultes et anoblissaient les hommes par le travail.

Et si les pérégrinations d'Ulysse nous charment toujours en nous rappelant les inventions si fécondes du génie grec, qu'est-ce que cette Odyssée du petit roitelet d'Ithaque comparée à ces Odyssées héroïques de nos moines;

Un saint Augustin de Cantorbéry partant de Rome pour évangéliser la Grande–Bretagne;

Un saint Colomban, venant d'Irlande en Gaule pour peupler nos solitudes ;

Un saint Wilfrid et un saint Boniface allant combattre le paganisme allemand et portant leurs conquêtes pacifiques plus loin que l'épée redoutée de Charlemagne, et tant d'autres grands hommes, qui, l'Évangile d'une main pour régénérer les âmes, la hache de l'autre pour écarter les broussailles des forêts, ont sillonné l'Europe de leurs investigations, et groupé autour de leurs monastères les éléments de la vie industrielle, sociale et politique?

Vous savez, Messieurs, à quel endroit s'est arrêté l'illustre auteur des *Moines d'Occident*, trahi par la souffrance au milieu de la composition de cette œuvre immense.

La dernière partie du cinquième volume est

consacrée à ces religieuses anglo-saxonnes, qui, dans l'infirmité et la délicatesse de leur sexe, ont montré la même intrépidité, le même héroïsme, le même amour de Jésus crucifié que les Benoît et les Colomban.

Après la peinture si suave de ce que le cloître renferma autrefois de pur et de bon, de saint et de dévoué, au service de Dieu et au service des hommes, l'illustre auteur regarda autour de lui. Au nombre des filles que Dieu lui avait données pour être l'ornement et la consolation de son foyer domestique, il y en avait une au cœur de laquelle, peu de temps auparavant, avait retenti l'appel mystérieux et souverain qui recrute à Jésus-Christ ses épouses de prédilection! Le sacrifice de cette enfant si tendrement aimée venait d'être consommé, et si la foi du chrétien avait soutenu le cœur du père, l'héroïsme de l'obéissance n'avait pas étouffé le cri douloureux et sacré de la nature. Sous l'empire de ces deux sentiments, le vendredi saint de l'année 1866, à Orléans, près de ce grand évêque auquel il était venu demander encouragements et consolations, il écrivit ces pages que vous me permettrez de vous lire tout entières. Je doute qu'en aucune littérature on en trouve beaucoup où le divin et l'humain se rencontrent et se marient dans une plus dramatique et plus émouvante alliance.

Douze siècles après ces Anglo-Saxonnes dont on vient de parler [1], la même main vient s'abattre sur nos foyers, sur nos cœurs désolés, pour en arracher nos filles et nos sœurs. Et jamais, depuis que le christianisme existe, ces sacrifices n'ont été plus nombreux, plus magnanimes, plus spontanés qu'aujourd'hui.

Oui, chaque jour, depuis le commencement du siècle où nous sommes, des milliers de créatures aimées sortent des châteaux comme des chaumières, des palais comme des ateliers, pour offrir à Dieu leur cœur, leur âme, leur corps virginal, leur tendresse et leur vie. Chaque jour, parmi nous et partout, des filles de grandes maisons et de grand cœur, et d'autres d'un cœur plus grand que leur fortune, se donnent dès le matin de la vie à un époux éternel. . . . .

Ce n'est pas qu'elles aient voulu nous oublier ou nous trahir, nous qu'elles aiment et qui les aimons. Non, la flèche qui est entrée dans notre cœur et qui y reste a d'abord traversé le leur. Elles partagent avec nous le poids et l'amertume du sacrifice. Le détachement n'est point l'insensibilité. Il n'y a que la fausse spiritualité qui rende dur, arrogant, impitoyable. Toute religion qui dessèche ou endurcit le cœur est une tyrannie menteuse.... Le bonheur d'être à Dieu ne ferme point un cœur bien né aux peines d'autrui et ne l'isole d'aucune émotion généreuse. Ce cœur devient au contraire plus tendre et plus intimement occupé de ceux qu'il aime à mesure qu'il s'enlace d'une étreinte plus passionnée au cœur de Jésus.

Est-ce là un rêve? une page de roman? Est-ce seulement de l'histoire, l'histoire d'un passé à jamais éteint? Non, encore une fois, c'est ce qui se voit et se passe chaque jour parmi nous.

Ce spectacle quotidien , nous-même qui en parlons,

1. *Moines d'Occident*, tome V, p. 379-287.

nous l'avons vu et subi. Ce que nous n'avions entrevu qu'à travers les âges et à travers les livres s'est dressé un jour devant nos yeux baignés des larmes d'une angoisse paternelle. Qui ne nous pardonnera d'avoir, sous l'empire de cet ineffaçable souvenir, allongé plus que de raison peut-être cette page d'une œuvre trop longtemps inachevée ? combien d'autres n'ont pas, eux aussi, traversé cette angoisse et contemplé d'un regard éperdu la dernière apparition mondaine d'une fille ou d'une sœur bien-aimée !

Un matin, elle se lève et s'en vient dire à son père et à sa mère : adieu, tout est fini. Je vais mourir, mourir à vous, mourir à tout. Je ne serai jamais ni épouse ni mère; je ne serai même plus votre fille, je ne suis plus qu'à Dieu. Rien ne la retient. La voilà parée pour le sacrifice, étincelante et charmante, avec un sourire angélique, avec une ardeur sereine, rayonnante de grâce et de fraîcheur, le vrai chef-d'œuvre de la création ! Fière de sa riante et dernière parure, vaillante et radieuse, elle marche à l'autel ou plutôt elle y court, elle y vole comme un soldat à l'assaut, contenant à peine la passion qui la dévore, pour y courber la tête sous ce voile qui sera un joug pour le reste de sa vie, mais qui sera la couronne de son éternité.

C'en est fait : elle a franchi l'abîme avec cet élan, cet essor, ce magnanime oubli de soi qui est la gloire de la jeunesse, avec cet enthousiasme invincible et pur que rien ici-bas ne saura plus ni éteindre ni égaler.

Mais quel est donc cet amant invisible, mort sur un gibet il y a dix-huit siècles, et qui attire ainsi à lui la jeunesse, la beauté et l'amour? qui apparaît aux âmes avec un éclat et un attrait auxquels elles ne peuvent résister? qui fond tout à coup sur elles et en fait sa proie? qui prend toute vivante la chair de notre chair et s'abreuve du plus pur de notre sang? Est-ce un homme? non : c'est un Dieu. Voilà le grand secret, la clef de ce sublime et douloureux mystère. Un Dieu seul peut remporter de tels triomphes et mériter de tels abandons Ce Jésus, dont la divinité est tous les jours insultée ou niée, la prouve tous les jours, entre mille autres preuves, par ces miracles de désintéressement et de courage qui s'appellent des vocations. Des cœurs jeunes et innocents se donnent à lui pour le récompenser du don qu'il nous a fait de lui-même, et ce sacrifice qui nous crucifie n'est que la réponse de l'amour humain à l'amour d'un Dieu qui s'est fait crucifier pour nous.

V

Le temps me manque pour parler, comme conviendrait, de son livre sur les *Intérêts catholiques au dix-neuvième siècle*, publié en novembre 1852, et de celui qu'il fit paraître trois ans plus tard sur l'*Avenir politique de l'Angleterre* (novembre 1855). Mais je ne puis passer entièrement sous silence l'hommage si cordial, si éloquent, qu'il rendit à son illustre ami, le P. Lacordaire, quelques mois seulement après la mort de ce saint religieux.

Un des fils spirituels du P. Lacordaire, le P. Chocarne, devait retracer, dans un livre à la fois austère et attrayant, les vertus monastiques de celui qui avait caché tant de gloire sous tant d'humilité, et fait de la plus héroïque mortification le fondement des plus éminentes qualités de l'esprit et du cœur. Un autre ami du P. Lacordaire, M. le conseiller Foisset, se mettait à l'œuvre pour retracer dans son ensemble et dans tous ses détails cette vie si féconde; et avant de mourir, M. de Montalembert a eu la consolation de voir achevé un travail auquel il attachait tant de prix et qui lui rendait cette grande âme, autant, hélas! qu'il est donné à un livre de faire revivre les morts. Entre ces deux ouvrages qui s'appellent et se complètent l'un l'autre, le court écrit de M. de Montalembert garde sa physionomie distincte. Ce n'est ni un éloge funèbre, ni une histoire, ni même une biographie complète. C'est moins et c'est plus que tout cela. C'est ce premier cri qui s'échappe involontairement du cœur d'un vieil ami devant la tombe à peine fermée de son ami de jeunesse, du confident de ses plus intimes pensées, du compagnon ardent de ses premières luttes, du coopérateur dévoué et infatigable de tous ses travaux.

Et ce qui fait pour nous, maintenant, le prix inestimable de ce livre, c'est que, malgré le soin consciencieux de l'auteur pour « parler le moins possible et laisser parler « celui qu'on ne se lassait pas d'écouter [1], » le

1. Page 282.

lecteur ému est sans cesse en contact avec ces deux grandes âmes. Elles ne font qu'un dans le livre, comme elles n'avaient fait qu'un dans la vie, et rien ne convient mieux à ce simple et touchant récit que la parole dite par nos livres saints sur l'étroite amitié de Jonathas et de David[1].

Ainsi, dites-moi, à qui conviennent ces paroles que je lis à la fin de ce précieux volume ? « Ce que ni le temps, ni l'injustice des « hommes, ni « les trahisons de la gloire » ne « lui ôteront jamais, c'est la grandeur de son « caractère, c'est l'honneur d'avoir été l'âme « la plus virile, la plus fortement trempée, la « plus héroïque de notre temps ; c'est d'avoir « compris et pratiqué, comme nul autre avant « lui, cette alliance indispensable de la foi et « de la liberté qui peut seule relever la so- « ciété moderne ; c'est d'avoir joint à tant de « force et à tant d'éclat, l'intime tendresse et « la douce mélancolie, qui émeuvent et atti- « rent plus que le génie. Il sera toujours, « comme de son vivant, encore plus aimé « qu'admiré ; et nul ne contemplera jamais « cette fière et libre figure sans qu'une larme « surgisse, cette humble larme involontaire

---

1. « Anima Jonathæ conglutinata est animæ David et dilexit eum Jonathas quasi animam suam. (1 *Reg.*, XVIII, 1.)

« qui est le sceau de la vraie gloire et du
« véritable amour[1]. »

Cher et illustre père Lacordaire, toujours si
vivant dans nos souvenirs, vous m'approuvez,
je le sens, de renvoyer de votre part ce témoignage si vrai à l'ami auquel vous n'avez pas
eu la douleur de survivre. Si Dieu vous avait
gardé ici-bas, dans les rangs de cette armée où
vous combattiez si vaillamment ; si vous aviez
porté dix ans encore le poids de la chaleur et
de la lutte, ce n'est pas nous qui aurions eu
à payer le tribut de l'admiration et de la douleur publiques devant les deux tombes d'Henri
Perreyve et du comte de Montalembert, vos
amis et les nôtres. C'est votre grande voix, si
vibrante et si émue, qui eût dit, dans un langage dont nous n'avons pas le secret, ce que
ce jeune prêtre de trente-quatre ans promettait à l'Église et ce que ce vaillant athlète,
tombé hier, avait fait pour elle. Vous, qui aviez
si bien su nous apprendre à porter virilement
l'honneur de notre foi, vous auriez montré
dans ces deux hommes, séparés par les années, puis réunis, d'abord par l'amitié, enfin par
la mort, le type du prêtre et du laïque tels
qu'il les faut à notre société, si nous ne vou-

1. Page 284.

lons pas la perdre en lui faisant redouter
l'Église et mépriser le Christianisme. Tous
trois maintenant, dans la lumière infinie, vous
savez le dernier mot des questions qui nous
troublent et des querelles qui nous partagent.
Unissez vos prières comme vous avez uni vos
efforts, pour qu'il soit donné à ceux qui vous
ont admirés et aimés, de faire triompher ici-
bas ce règne de Jésus-Christ par l'Église, pour
lequel, comme vous, nous avons offert et con-
sacré notre vie.

VI

Voilà, Messieurs, par quels travaux immortels ce grand orateur, ce grand écrivain a
servi et honoré l'Église.

De sa carrière politique, il ne m'appartient
pas de vous parler ici. Je n'en veux dire qu'un
mot. C'est qu'après une longue éclipse durant
laquelle son âme patriotique avait beaucoup
souffert, il a eu la joie de voir rendre à son
pays, par le concours d'une opinion publique
affirmant ses droits avec autant de modération
que de force, et d'une volonté souveraine

aussi intelligente que désintéressée, ces libertés pour lesquelles il avait combattu pendant
vingt-deux ans.

Oui, il les a vues revenir, les libertés néces-
saires, rapportées au pays par l'énergique et
loyal accord de ces bons citoyens, investis de
la haute mission de nous donner le progrès
sans la révolution et de nous débarrasser de
la licence sans nous faire retomber dans la
dictature. Il avait pu croire longtemps que
sur ce point ses espérances demeureraient
vaines! Il n'en a point été ainsi! Le soleil
bienfaisant de la liberté publique a enfin
percé les nuages; et ses rayons sont venus
réjouir dans les douleurs de son agonie l'homme qui n'avait jamais séparé la liberté de son
pays de la cause sacrée de la liberté de l'Église,
et qui avait toujours tenu à honneur d'être un
bon citoyen en même temps qu'un bon ca-
tholique!

Cette liberté d'enseignement pour laquelle
il avait livré ses premiers combats, à laquelle il avait donné dans les luttes de 1849 et
de 1850 tant de talent et tant de cœur, il a
pu saluer le jour prochain où elle sera donnée
tout entière à la France, et où pleine satisfac-
tion sera, sur un point si important, accordée
aux légitimes susceptibilités des pères de fa-

mille en même temps qu'à la logique des principes libéraux.

Je recevais naguères, Messieurs, et le souvenir m'en sera toujours cher, ses cordiales félicitations pour l'honneur qu'on venait de me faire en m'associant aux hommes considérables chargés de doter le pays de la liberté de l'enseignement supérieur. Lui, avait combattu et souffert ; nous, suivant la parole de l'Évangile, nous n'avions plus qu'à entrer dans ses travaux et à recueillir ce qu'il avait laborieusement semé !

Ainsi a été jusqu'à la dernière heure de sa vie, s'intéressant à toutes les grandes questions de l'heure actuelle, politiques et religieuses, cette intelligence si active et si vaste, cet esprit si ouvert et si sûr, cette âme si lumineuse et si chaude.

Admis depuis deux mois à une intimité plus grande avec l'illustre malade, j'admirais souvent cette flamme qui jaillissait de ces ruines, cette vie de l'être pensant qui était comme un défi aux menaces de la mort, cette énergie puisée aux sources les plus hautes qui le rendait plus fort que toutes les douleurs et que toutes les angoisses. Le vaillant soldat se sentait blessé d'une de ces blessures qui ne pardonnent pas, et il ne se faisait pas d'illusion sur l'issue de la lutte. Mais son cœur chevaleresque se retrouvait là tout entier comme aux jours les plus triomphants de sa vie, et il apprenait de plus en plus de la méditation de Jésus-Christ et de son Évangile le secret de porter avec mérites la croix si lourde que, depuis quatre ans, Dieu lui avait imposée.

Enfin, Messieurs, au moment où les siens y pensaient le moins, la catastrophe prévue est arrivée de la façon la plus imprévue. Une crise soudaine, un cri jeté vers Dieu par cette âme si profondément chrétienne, les dernières bénédictions de l'Église données en toute hâte à cette âme qui l'avait tant aimée, et tout a été fini !

Son illustre veuve, ses filles et ses amis n'ont plus embrassé qu'un corps inanimé ! Lui n'était plus là. Il avait quitté cette vie militante où il avait si noblement rempli son rôle de soldat, de témoin et de martyr. Il avait cessé d'être le serviteur de l'Église qui combat, pour devenir, je l'espère, un des membres glorieux de l'Église qui triomphe !

Ou pour mieux dire, il n'a pas cessé de travailler et de lutter avec nous. Il le fera maintenant d'une manière plus efficace, dans une lumière plus sûre, avec des forces plus divines !

Puissions-nous tous, Messieurs, à quelque poste que la Providence nous ait placés, nous inspirer de ce magnanime exemple.

Comme lui, aimons notre temps et notre pays d'un amour intelligent qui ne nous aveugle pas sur leurs fautes, qui nous fasse compatir à leurs faiblesses, qui nous donne de coopérer à leurs progrès; comme lui, surtout, unissons dans un dévouement indissoluble toutes ces grandes et nobles causes qu'il a si vaillamment servies et qui se sont toutes résumées pour lui dans ces trois mots : l'Église, l'honneur, la liberté.